AF245782

MÉMOIRE

SUR

LE MIDI,

PRÉSENTÉ

AU DIRECTOIRE EXÉCUTIF

Par Louis JULLIAN et ALEXANDRE MECHIN, chargés par les anciens Comités de Gouvernement d'accompagner le Citoyen FRÉRON dans les Départemens Méridionaux.

A PARIS,

Chez DESENNE, Imprimeur-Libraire, au Palais-Égalité, N°. 1 et 2.

Et chez LOUVET, Libraire, Palais Égalité.

L'an IV de l'Ère républicaine.

AVIS PRÉLIMINAIRE.

Lorsque nous nous sommes décidés à accompagner le citoyen Fréron dans les départemens méridionaux, nous avons cédé aux instances de plusieurs membres des anciens comités de gouvernement, qui ont cru que notre présence seroit utile dans ces contrées, et qu'elle pourrait rallier les citoyens qui n'étaient qu'égarés.

N'étant chargés d'aucune mission particulière, revêtus d'aucun caractère public, investis d'aucune autorité, nous n'avons pu agir par nous-mêmes (1). Nous n'avons donc point de comptes à rendre, point de justification à pu-

______

(1) On verra dans la suite de ce mémoire que dans deux occasions, en l'absence du citoyen Fréron, nous avons fait, en quelque sorte, deux actes d'autorité, mais les circonstances dans lesquelles nous nous trouvions nous y ont forcé.

blier. Ainsi le but de ce mémoire n'est pas d'analyser les opérations qui ont eu lieu pendant le cours de la mission du citoyen Fréron (ce soin le regarde particulièrement), mais d'acquitter la dette que nous avons contractée avec le gouvernement, de justifier la confiance des gens de bien, et d'indiquer les moyens que nous croyons nécessaires pour assurer le règne des lois dans ces pays, depuis si long-temps déchirés par les factions, et que le même sort menacerait encore si le gouvernement ne se hâtait de repousser des fonctions administratives des hommes sur lesquels on a eu intérêt de tromper sa religion.

Nous avons aussi pensé qu'il nous importait à nous-mêmes, au retour de cette mission importante, de consacrer d'une manière solemnelle nos vues et nos principes. Quant aux calomnies dont on s'est plu à nous accabler, nous avons dû n'y répondre que par le silence du mépris. Nous réservons la même réponse à celles que les différens partis , trompés dans l'espérance qu'ils avaient peut-être conçue de nous attirer à eux, ne manqueront pas de nous prodiguer. Il nous suffira d'avoir convaincu le gouvernement de notre sincérité, et, quelque soit l'issue de ce procès qui occupe depuis si long-temps et si diversement les esprits , on ne pourra pas du moins nous ravir l'estime des gens de bien qui ont été à portée de nous connaître. Si Paris égaré nous condamnait , nous en appellerions à Marseille , et nous ne craignons pas son jugement.

Pendant six mois de séjour , placés au centre de l'administration des contrées méridionales , nous avons sérieusement médité sur les causes des troubles qui les ont agité , sur leur situation actuelle et sur les moyens d'y fixer irrévocablement l'ordre et la paix. Nous devons au Directoire Exécutif le tribut de nos réflexions ; nous apporterons dans ce travail l'impartialité de voyageurs désintéressés que le seul désir d'observer aurait conduit dans ces départemens. Heureux si nous pouvons parvenir à fixer l'opinion sur l'état du Midi , et si un rayon de la vérité peut percer les nuages épais dont les passions et l'intrigue se plaisent depuis si long-temps à l'envelopper!

MÉMOIRE

SUR

LE MIDI.

PREMIÈRE ÉPOQUE.

De Juillet 1789, au 31 Mai 1793.

Pour exposer la situation actuelle du Midi, et pour bien connaître les causes de ses longs malheurs, il faut nécessairement remonter aux premières années de la révolution ; et cette partie de notre histoire est sans contredit celle qui présente le plus de difficultés. En effet, comment démêler la vérité au milieu des exagérations de tous les partis également aigris ? Comment saisir l'origine des événemens, dans un pays où chacun est intéressé à les rejeter sur ses adversaires ; où les torts se sont réciproquement multipliés, où presque tous ont été tour-à-tour victimes et bourreaux ?

Cependant, nulle part, les premières idées de liberté n'avaient été reçues avec plus d'enthousiasme. Le caractère ardent des peuples du

A 4

Midi les rendait plus susceptibles que tous les autres de recevoir les impressions vives de la révolution. D'ailleurs, depuis long-temps, une grande partie de ce pays était façonnée à un régime libre, Marseille avait une existence presque républicaine. La noblesse éclipsée par les richesses du commerce, n'y jouissoit d'aucune considération; la forme de l'administration favorisait l'indépendance; les impôts étaient légers, et l'aisance générale. La révolution devait donc paraître dans ces contrées, un événement tout simple qui changeait à peine leur situation, et dont on ne pouvait attendre qu'un accroissement de bonheur et de liberté. Aussi fut-elle embrassée avec ardeur. Les ridicules et criminelles oppositions des nobles du pays, et les humiliations qu'ils firent éprouver à Mirabeau, commencèrent à aigrir le peuple, qui ne put voir dans les castes privilégiées, que des ennemis implacables, et dans Mirabeau, qu'un intrépide défenseur de ses droits. Dès-lors, le mouvement général changea de caractère; le parti Mirabeau prit naissance, et tous ceux que l'amour de la liberté et la haine de la noblesse animaient, se rangèrent sous ses bannières. Les esprits s'échauffaient de jour en jour; les opinions politiques divisaient les citoyens; et ce qui, dans tout autre pays, faisait une sensation légère, enflammait les têtes méridionales, et devenait le signal de quelques vengeances ou d'une insurrection. A Paris, on huait les aristocrates, à Marseille, on les pendait; le voisinage du Comtat Venaissin alors agité par la guerre civile, jetait les brandons de la discorde dans les pays environnans. Dans le même temps, et long-temps encore après la réunion du Comtat à la France, les grandes villes furent en proie à des divisions funestes. On se rappelle le camp de Jalès, les massacres de Nismes et de Montauban, et les querelles interminables des Monaidiers et des Chiffonniers d'Arles.

Ces troubles n'étaient pas encore appaisés; après d'aussi violentes secousses, le Midi n'avait pas repris son assiette, lorsqu'arriva le dix Août. Des bataillons sortis de Marseille s'étaient rendus à Paris : on sait la part qu'ils eurent à la victoire qui détermina la chute de la royauté. De retour dans leurs foyers, ivres de leurs succès, il devint facile de diriger leur irrascibilité contre ceux que leurs opinions connues pouvaient faire regarder comme les auxiliaires du château des Tuileries.

A cette époque regnait le trop célébre Mouraille, ce maire dont le nom fait encore trembler

Marseille, dont le moindre signe était un arrêt de mort; et qui, à la tête des Farandoules, faisait décrocher le fatal reverbère. La Municipalité présidée par lui, forte du suffrage de la société populaire qui commençait à prendre de l'influence, et du dévouement de la multitude fanatisée, s'arrogea la supériorité sur tout le Midi, envoya des commissaires dans tous les départemens voisins, leva des contributions, et se permit tous les désordres. Dans ce temps, l'assemblée législative touchait au terme de sa session. Une convention nationale fut convoquée; les élections portèrent à la qualité de représentant du peuple les chefs de chaque parti, et comme les représentés étaient divisés entre eux, il était inévitable que les représentans le fussent de même. Bientôt la convention nationale donna à toute la France le signal d'une scission funeste, et dans le Midi où l'on ne sait garder aucune mesure, celui des massacres et des proscriptions. Là, encore plus que par-tout ailleurs, Marat avait de nombreux partisans; et cela devait être ainsi dans un pays où les lumières sont moins universellement repandues : d'ailleurs, les disciples de cette doctrine étaient en possession des autorités; d'un autre côté, les ennemis de la liberté s'armaient avec succès des excès que l'on commettait en son nom, et ne réussissaient que trop facilement à attirer à eux les hommes honnêtes, que les pillages et les pendaisons révoltaient ; le commerce épouvanté disparaissait, et le négociant ruiné, fatigué de tant d'horreurs, écoutait avec d'autant plus de complaisance de perfides insinuations, que confondant l'abus avec le système, il ne voyait dans la République qu'on lui offrait qu'un régime de vols et d'assassinats ; néanmoins un grand nombre d'entr'eux n'abandonnaient qu'à regret la cause de la liberté ; attentifs à ce qui se passait à Paris, ils espéraient encore dans le triomphe des principes, et tournaient leurs regards inquiets vers ceux de leurs représentans, qui, fidèles à leurs devoirs, n'avaient cessé de faire entendre dans la Convention nationale le langage de la justice et de l'humanité.

Cependant il falloit arrêter les actes arbitraires qui ne cessoient de désoler le pays ; le 12 mai 1793, les sections de Marseille se déclarèrent en insurrection, déposèrent la municipalité, et créèrent un tribunal populaire, pour juger les *ennemis de la révolution*.

Il est bon de remarquer que ce tribunal fut créé sur la proposition de républicain connus ; ils croyaient par-là mettre un terme aux péndaisons, et au moins, s'ils ne pouvaient faire mieux, offrir quelques moyens de défense aux victimes désignées aux vengeances populaires. Ce tribunal était sans doute illégalement institué et l'autorité des sections, incompétente pour créer des juges; mais qu'on se rappelle qu'à cette époque, toutes les grandes communes de la république donnaient l'exemple d'une semblable anarchie, sans pouvoir se justifier par des motifs aussi puissans. Si les prétentions et les excès de la commune de Paris, si ses criminelles usurpations de la puissance nationale, si enfin la révolte du 31 mai ont pu, dans le temps, être excusées, parce qu'elle avait l'audace d'appeler le *salut public*, la commune de Marseille, alors écrasée sous le joug d'une poignée de scélérats, qui semaient dans son enceinte la dévastation et la mort, peut-elle être considérée comme aussi coupable, d'avoir adopté des mesures que son propre salut lui commandait ?

DEUXIEME ÉPOQUE.

Du 31 mai 1793, au 9 thermidor, an 2.

Enfin le 31 mai décida entre la municipalité de Paris et la convention nationale. Cet événement bouleversa la face de la France, et il eût fallu

désespérer de lui donner la république, si elle eût
été incapable de ressentir l'indigne affront qui lui
était fait par une poignée de rebelles; d'un côté,
le crime en délire, au milieu de ses triomphes,
et la lâcheté des coupables citoyens; contrastait
d'une manière hideuse avec l'élan généreux des
départemens, qui, à la nouvelle de cet attentat,
avaient fait retentir le cri de la plus sainte insurrection; de l'autre, les partisans secrets de la
royauté, croyant entrevoir dans ce mouvement
un moyen de succès, ne négligeaient rien pour
le faire dévier, et tourner à leur profit. C'est
ainsi que Marseille, armée d'abord pour venger les
principes et la liberté, finit par se jeter dans les
bras de ses plus irréconciliables ennemis.

Il est en effet impossible de douter que plusieurs membres du comité central des sections.
n'entretinssent des relations avec l'amiral *Hood*.
Il en existe des preuves écrites, entre autres, une
délibération adoptée par toutes les sections, à
l'exception de celle N°. 11, laquelle délibération
charge des commissaires d'aller implorer la gé-
nérosité de l'amiral anglais, et de lui demander des
subsistances : une autre pièce encore plus importante, est la réponse de l'amiral, qui consent à
accorder tous les soulagemens qu'il sera en son
pouvoir, à condition *que la royauté sera pro-*

clamée, que les forts lui seront livrés, et que le drapeau blanc sera arboré. Cette réponse est certifiée en original par les citoyens *Sezand* et *Jean Labat*, membres du comité central des sections.

Toulon était alors au pouvoir des Anglais. Nous n'examinerons pas à qui l'on doit attribuer la livraison de ce port important ; persuadés que ni les horreurs du besoin, ni la tyrannie du gouvernement, ne doivent déterminer des Français à subir le joug de l'étranger, nous ne partageons pas l'opinion de ceux qui pensent que cet attentat peut être excusé par l'excès des maux sous lesquels succombaient alors les habitans de cette place ; mais à Toulon, et encore plus à Marseille, ce crime n'est pas celui des citoyens, mais celui des meneurs qui les ont trompés, ce crime leur appartient tout entier, et cependant les chefs échappèrent au châtiment, et la vengeance nationale qui devoit fondre sur eux, s'égara sur les têtes de citoyens innocens, indignés eux-mêmes de cette trahison, et qui n'étaient coupables que d'avoir partagé l'indignation de toute la France contre l'audace de la municipalité de Paris.

On se rappelle la défaite de l'armée départementale du Midi. Repoussée d'abord des rives de la Durance , elle fut entièrement défaite dans les gorges de Septeme, et le général Carteaux pénétra dans la ville. Dès ce moment , les malheurs de cette cité prirent un caractère plus déplorable , la terreur s'empara de tous les esprits , et une émigration considérable diminua d'un tiers sa population , les lois d'alors vouaient à la mort tous les *fédéralistes* , (*pour nous servir de l'expression du temps*) et Marseille toute entière avait été fédéraliste. . . . .

Les préparatifs du siége de Toulon occupaient les soins des représentans du peuple , et pendant ce temps la foudre reposa ou fit moins de ravages. Il s'était formé à Marseille une compagnie *Révolutionnaire* sous le nom de compagnie des *Sans-Culottes* ou compagnie *Marat*. Intrépides quand il fallait outrager ou enchaîner des citoyens désarmés , les lâches ne pouvaient consentir à braver le feu de l'ennemi ; malgré les ordres réitérés des représentans , ils refusèrent long-temps de se rendre à Toulon , et lorsqu'ils obéirent enfin , on ne crut pouvoir mieux les employer qu'en les tenant sur les derrières de l'armée.

Ces bandes révolutionnaires étaient aux ordres d'une société centrale , composée de commissaires de toutes les sociétés populaires du Midi. Cette réunion monstrueuse avoit usurpé le pouvoir souverain : tous les fonctionnaires publics et les représentans du peuple eux-mêmes étaient mandés à sa barre. Ses membres vivaient à discrétion chez les citoyens qu'elle désignait comme aristocrates, et ils recevaient une indemnité journalière, dont les fonds étaient fournis par le moyen des taxes arbitraires.

Cette autorité nouvelle, enfantée par l'audace la plus insigne pour anéantir ce qu'elle appelait le *Fédéralisme*, formait ainsi une seconde Convention Nationale qui rivalisoit de puissance avec celle que le peuple avoit nommé, et se rendait coupable du crime dont, par une ironie barbare, elle accusait les victimes immolées à ses fureurs (1).

Toulon fut repris; les Anglais furent chassés. Cette victoire, qu'on ne saura jamais apprécier si l'on n'a été sur les lieux, est peut-être celle qui honore le plus le courage français : tant de prodiges de valeur semblent incroyables lorsqu'on traverse les gorges d'Ollioules, lorsqu'on monte à la redoute de Faron, et qu'on examine les terribles batteries dont l'ennemi avoit hérissé ses for-

---

(1) Les hommes qui composaient la société centrale du midi, les membres des comités, des tribunaux révolutionnaires, ceux du tribunal criminel, si célèbre par ses forfaits, sont aujourd'hui dans Marseille, y dominent, et presque tous y remplissent des fonctions publiques ! ! !

midables

midables retranchemens. Tout fut emporté à la bayonnette , et Toulon , arraché aux Anglais, revit flotter dans ses murs les couleurs républicaines.

Mais nous ne pouvons nous défendre d'une profonde douleur, lorsqu'en détournant nos yeux de ce théâtre de gloire , nous les reportons dans l'intérieur des départemens du Midi, inondés du sang des meilleurs citoyens, et en proie aux furies révolutionnaires. Le tableau des horreurs qui suivirent de près la reprise de Toulon serait si affreux, que , quoique peint avec les couleurs de la vérité, il paraîtrait exagéré , et l'historien le plus véridique qui se chargera de la pénible tâche de les transmettre à la postérité, ne manquera pas d'être accusé d'imposture par nos neveux, qui ne pourront allier ensemble le courage qui vainquit Toulon et la férocité qui dévasta les contrées méridionales , l'intrépidité de nos soldats et la lâcheté des assassins. Tribunaux révolutionnaires , commissions militaires, dénonciations, maisons d'arrêt, contributions, pillages, assassinats, guillotine permanente, tout ce qui a rendu à jamais odieux le régime de Robespierre, acquit dans ces contrées un degré d'atrocité plus révoltant, en raison de l'ignorance d'une partie des habitans et de l'irrastibilité des esprits.

B

La trahison qui avait livré Toulon , les crimes des Anglais , la criminelle joie du parti royaliste , quelques exécutions faites par ordre du tribunal populaire ; joignez à cela cette impulsion donnée par le gouvernement lui-même, qui avoit inoculé dans presque toute la France la fièvre ardente qui le dévorait , et l'on sera moins surpris des égaremens affreux où l'on avait jeté des hommes naturellement portés à toutes sortes d'exagérations. Sans la résistance de deux représentans du peuple , qui, n'étant pas assez forts pour arrêter le torrent , luttaient encore contre ses efforts , et tàchaient de prévenir au moins une partie de ses ravages , la Méditérannée eût été témoin des mêmes horreurs que la Loire , et un supplice épouvantable eût , suivant la langue de ces temps désastreux , *déblayé* les prisons (2).

Peu de temps après , Maignet fut envoyé dans le Midi : Maignet , dont le nom rappelle tant de

---

(2) Une députation , à la tête de laquelle était le trop célèbre Maillet , président du tribunal révolutionnaire , proposa aux représentans du peuple de profiter d'un échec qui *aurait lieu sous les murs de Toulon pour faire noyer les détenus.* Une autre fois il demanda à être autorisé à enfermer les prisonniers dans le Lazaret , afin de leur inoculer la peste. Les représentans firent quelque temps après arrêter Maillet et ses complices.

forfaits, n'était pas , assure-t-on, naturellement féroce, mais il étoit poltron. La crainte de déplaire aux tyrans le poussa à toutes sortes de crimes. Qu'on jette les yeux sur le volumineux recueil de ses arrêtés et de ses proclamations pendant le cours de son exécrable mission , on y trouvera les maximes de la plus douce philosophie servir de préambule à des mesures atroces , et les principes d'humanité et de philantropie motiver des ordres de pillage et d'assassinat. Maignet, qui n'était pas sans talent , et qui, dans tout autre temps , aurait pu être un citoyen utile et respectable , devint, sous l'influence des lois révolutionnaires , un monstre furieux. Les ruines de Bédouin , les nombreuses victimes du tribunal d'Orange , les places publiques de Marseille fumantes encore du sang de tant de bons citoyens, ses arrêtés sanguinaires qui décernaient la peine de mort (1) pour l'action la plus innocente , déposeront éternellement contre lui, et les furies qui doivent déchirer son ame, vengeront l'humanité de l'impunité dont il jouit ; funeste impunité, indulgence coupable, dont les suites ont été si terribles , qui a fait sur-

---

(1) Un arrêté de Maignet défend aux particuliers de faire du pain chez eux , sous peine de mort.

vivre la terreur au 9 Thermidor, et qui a provoqué une réaction dont il eût été important d'ôter jusqu'au prétexte.

TROISIÈME ÉPOQUE.

Du 9 Thermidor au 8 Brumaire, an IV.

En effet, lorsque le 9 Thermidor vint arracher la France au joug horrible sous lequel elle gémissait, un acte éclatant de sévérité envers ses oppresseurs, au moment même où le sentiment du danger passé occupait tous les esprits, eût infailliblement calmé les ressentimens et prévenu les vengeances particulières. Le gouvernement se fût emparé du mouvement et l'eût dirigé à son gré ; mais pour obtenir la moindre victoire, il fallut livrer de longs combats ; les esprits s'échauffèrent en raison de la résistance ; le ressort long-temps comprimé, se détendit avec violence, et le choc a failli renverser le gouvernement lui-même , que sa propre imprudence et des conseils perfides avaient entraîné au-delà des bornes de la sagesse. Il eût fallu calculer jusqu'à quel point devait s'élever l'indignation nationale , et cela n'était pas difficile : il est dans tous les esprits une certaine disposition qui les porte à pardonner aux agens subalternes du crime , tandis qu'elle les excite à la vengeance envers les auteurs immédiats des malheurs publics. C'était donc agir à contresens que d'absoudre les chefs et de s'appesantir sur des misérables qu'une ignorance profonde avait précipité dans mille excès. Qu'on nous pardonne cette digression nécessaire pour expliquer les premières causes de la réaction, et qui, sous ce rapport, ne peut être regardée comme étrangère au sujet que nous traitons.

Après le 9 Thermidor , le contre-coup de chaque événement qui se passait au centre se faisait sentir encore avec plus de force dans le Midi que dans toute autre partie de la France. La secousse devait être plus violente dans ces circonstances que dans toutes celles qui les avaient précédé. Jamais d'aussi longs malheurs n'avaient donné lieu à de plus cruels ressentimens ; des lois justes succédaient à une législation barbare ; les proscrits étaient rappelés ; les proscripteurs perdaient leur puissance ; le sang ne coulait plus ; tout reprenait une nouvelle vie ; tout retentissait des louanges de la Convention Nationale. Dans ces premiers momens d'allégresse, les représentans Auguis et Serres arrivèrent à Marseille : leur conduite sage , prudente et mesurée leur conciliait la confiance générale , lorsqu'une troupe de factieux qui a pu être momentanément dispersée mais jamais dissoute , et connue dans le pays sous le nom de parti *Maillet* , s'insurgea audacieusement contre les délégués de la Convention Nationale : les détails de cet événement sont trop connus pour que nous les rapportions ici. Ce crime qui méritait sans doute une punition exemplaire , donna lieu à un grand nombre d'arrestations. Alors il arriva ce qui est arrivé dans toutes les occasions pareilles , et ce que nous avons été à portée de constamment observer : les haines particulières dictèrent les dénonciations ; chacun présenta son ennemi comme complice de l'insurrection du 5 Vendémiaire , et les prisons qui reçurent un grand nombre de coupables se peuplèrent en même temps au gré des passions individuelles.

Un grand changement ne peut arriver dans l'État sans qu'il ne s'en suive un rallentissement dans l'action du gouvernement, et dont les factions s'empressent toujours de profiter. Occupé des moyens de s'établir, il est obligé de donner à la consolidation de son autorité le temps qu'il devrait employer à en régulariser les différentes parties. Alors il est difficile que, sortant d'un danger, il ne retombe pas dans un autre. Forcé de renouveler tous ses agens , il est facilement égaré par des renseignemens infidèles et des suggestions

perfides , et c'est là l'écueil où ses ennemis l'at-
tendent. C'est ainsi que les représentans du peuple
envoyés dans les départemens méridionaux , en
écartant avec sagesse les instrumens de la tyrannie
décemvirale , se hâtèrent trop de substituer les
persécutés aux persécuteurs , et ne réfléchirent
pas assez qu'il était imprudent de confier l'autorité
à des hommes que la réminiscence de leurs malheurs ne manquerait pas d'exciter à en abuser
pour servir leurs ressentimens : Les administrations furent donc presque généralement composées de victimes échappées à la proscription.
Sous le titre de fugitifs du 31 Mai ; plusieurs
hommes, ennemis connus de la révolution, s'insi-
nuèrent dans les fonctions publiques. La facilité
naturelle à accueillir tous ceux qui avaient partagé
persécution , offrait aux émissaires de Véronne
une chance favorable qu'ils ne devaient point
laisser échapper ; et si jamais circonstance pouvait leur faire espérer le succès, c'était sans doute
celle où il leur était facile de mettre à profit l'indignation publique pour exciter un mouvement ,
et où les horreurs du décemvirat leur fournissaient
de puissans moyens de calomnie contre le systême
républicain. En effet , peu d'hommes se sont
exercés aux méditations philosophiques , et la
manière la plus commune de juger est de juger

par comparaison. Les crimes du gouvernement révolutionnaire offraient donc aux ennemis de la République un avantage qu'ils s'empressèrent de saisir, et il leur devint facile de persuader à des citoyens honnêtes, mais exaspérés, que *république et terreur* étaient synonymes, et de reporter leur esprit vers l'ancien ordre de choses, où, s'ils n'avaient pas joui d'une liberté complète, ils avaient au moins trouvé la sûreté de leurs personnes et le respect de leurs propriétés. Ainsi étaient entraînés dans la séduction, le négociant, uniquement livré à ses spéculations commerciales, et l'artisan, que les moyens d'exister occupent exclusivement.

Du haut de la tribune de la Convention Nationale, dans les places publiques, sur les théâtres, dans les journaux, on criait de toute part : guerre à mort aux terroristes. Ce cri, répété par les représentans en mission, retentissait avec force dans des cœurs ulcérés ; et comme on était parvenu, ainsi que nous l'avons dit plus haut, à comprendre sous le même anathême *les républicains et les terroristes ;* ce cri fut le signal des plus épouvantables massacres : tous ceux qui avaient pris une part active à la révolution furent poursuivis avec fureur ; on combla les prisons ; les cultivateurs abandonnèrent leurs champs et se

(25)

réfugièrent dans les forêts et dans les montagnes ;
les assassinats se multiplièrent sans mesure , sans
relâche et sans distinction. Voulait-on se défaire
d'un ennemi : c'était un *terroriste*. Ce mot étoit
un arrêt de mort inévitable : la victime était aussitôt frappée que désignée. Des jeunes gens , dont
les parens avaient été égorgés révolutionnairement , égarés par tous ceux qu'une ancienne
haine armait contre la République , se formèrent
en compagnies , se répandirent dans les communes, massacrant les uns , incarcérant les autres ,
répandant par-tout la terreur et la mort. Les in-
sensés ! ils ne réfléchissaient pas que si ce systême
de réaction pouvait être justifié , chaque coup
de poignard qu'ils donnaient, armait contre chacun
d'eux tout ce qui avait appartenu aux malheureux
qu'ils venaient d'immoler.

Lorsqu'on réfléchit sur cette longue suite de
meurtres , et qu'on rapproche ensemble la cons-
piration de Besignan , les rassemblemens de déserteurs armés , dirigés par *Arnaud de l'Èstang;*
la proscription de tous les signes consacrés par
la révolution , et la révolte de Vendémiaire , on
ne peut mentir à sa conscience au point de se
dissimuler qu'il n'y ait eu parmi certains hommes
des projets profondément médités et long-temps
suivis de rétablir la royauté.

Les loix qui ordonnaient le désarmement et l'incarcération des terroristes, fournirent de nouveaux alimens à la persécution, le régime des suspects fut remis en activité, et le patriote honnête jeté dans le même cachot avec l'assassin révolutionnaire. Il falloit aussi que la réaction eût ses journées de septembre, et les fleuves ne tardèrent pas à porter dans la Méditérannée les cadavres des prisonniers égorgés à Marseille, au pont St.-Esprit, à Nismes, à Tarascon, à Lambesc, et dans presque toutes les grandes communes. Leçon terrible pour les législateurs qui seraient par la suite assez imprudens pour armer une partie des citoyens contre l'autre, et qui ne sentiraient pas que c'est à une force essentiellement neutre qu'il faut attribuer l'exécution des mesures repressives! Le désarmement ordonné par la loi du..... prairial, a jeté dans les familles des germes de haine et de vengeance qui ne s'éteindront qu'avec la génération. Une autre réflexion qui se présente à notre esprit, et que nous ne croyons pas devoir laisser échapper, c'est qu'il est impolitique de faire arrêter un individu, lorsque le crime dont il est prévenu, ne paraît pas assez certain, pour qu'il puisse être soumis à l'action des tribunaux. Le gouvernement s'expose à recevoir un démenti, et il s'est chargé sans nul intérêt pour lui , de l'odieux d'un acte arbitraire : ceci est applicable sur-tout aux prévenus de crimes contre l'état. Par exemple , la loi qui a ordonné l'incarcération des terroristes , en ne mettant pas dans la possibilité de les juger , devait en dernier résultat, procurer au gouvernement d'irréconciliables ennemis , et l'exposer à de nouvelles secousses , lorsqu'on serait obligé de les rendre à la liberté. Il en est de même de la loi du 17 septembre 1793 , et il est vrai de dire que l'une a enfanté l'autre.

Il n'entre pas dans le plan de ce mémoire, d'analyser les différens actes des représentans du peuple qui ont été en mission dans le Midi. Peut-être le salut commun commanderait-il de ne pas porter un regard en arrière , mais de jeter sur le passé un voile épais , pour établir d'une manière durable la tranquillité publique sur l'oubli des fautes réciproques. Nous ne parlerons pas non plus des mouvemens des Toulonnais sur Marseille, dans les premiers jours de prairial de l'année dernière. Le gouvernement a eu à ce sujet les renseignemens qu'il pouvait désirer; nous nous contenterons de lui dire que, tout ce que nous avons pu recueillir sur les lieux , c'est que si , d'une part, cette démarche pouvait paraître justifiée par le désir de mettre un terme aux assassinats qui se commettoient journellement à Marseille ; de l'autre, on ne peut s'empêcher de remarquer sa coincidence avec la révolte qui eut lieu à Paris à la même époque ; et dans cette circonstance comme dans toutes celles où l'anarchie a essayé ses forces, il est aisé de remarquer l'influence de l'étranger. Au 10 mars et au 31 mai, les factieux étaient dirigés par un comité d'étrangers. Chaque mouvement à Marseille et à Toulon, fut toujours précédé de l'apparition de la flotte anglaise, et c'est précisément au moment où une expédition importante allait avoir lieu dans la Méditérannée, qu'on excite à Toulon une insurrection, que l'on débauche les équipages, et qu'on s'oppose au départ de l'escadre.

De tout ce que nous venons de dire ci-dessus, il faut conclure que la réaction qui s'est opérée depuis le 9 thermidor n'aurait pas eu dans le Midi des suites aussi funestes, et n'eût pas dépassé les bornes qu'il était de l'intérêt du gouvernement de lui poser ;

Si une longue et révoltante impunité n'eût violemment exaspéré les esprits ;

Si une résistance imprudente de la part des élémens d'un parti qui devrait s'estimer trop heureux d'être oublié, n'eût aigri les ressentimens ;

Si des lois impolitiques, en devenant des instrumens de vengeance et de persécution, n'eussent facilité aux ennemis de la République les moyens de diriger contre elle-même les mesures qu'elle croyait de sa sagesse de prendre contre les monstres qui, pendant quinze mois, l'avaient couverte de sang et de ruines ;

Si le Gouvernement, faisant tout par lui-même et ne laissant rien à faire aux individus, n'eût pas en quelque sorte, sinon provoqué, du moins trop long-temps toléré l'existence de ces bandes armées qui firent couler tant de sang ;

Si des tribunaux, sagement institués et composés d'hommes impartiaux, eussent régularisé la vengeance nationale à laquelle on devait satisfaction ;

Si, enfin, les autorités n'eussent pas été composées d'hommes trop irrités par le malheur pour n'être pas souvent injustes et incapables de tenir la balance égale entre tous les partis.

Il est inutile de s'appesantir plus long-temps sur cette déplorable partie de l'histoire du Midi; et nous nous accuserions déjà d'être entré dans trop de détails, si nous n'étions convaincus que le remède applicable au mal est presque trouvé, lorsque les causes en sont approfondies.

QUATRIÈME ÉPOQUE.

Mission du citoyen Fréron. Du 8 brumaire, an IV, au 1er. germinal de la même année.

C'est donc à cette époque où le gouvernement révolutionnaire expirant allait faire place au régime constitutionel, que le citoyen Fréron fut chargé d'aller mettre un terme aux malheurs du Midi. Si jamais mission ne fut plus grande, plus importante dans son objet, jamais aucune ne présenta plus d'obstacles à surmonter. En effet, comment pouvoit-on espérer de réprimer les assasinats, lorsque les autorités, ou complices ou terrifiées elles-mêmes, n'osaient les arrêter ou les dénoncer? Comment faire punir les coupables, lorsque les juges de paix refusaient de dresser des procès-verbaux, et que les tribunaux supérieurs étaient presque tous vacans ou influencés par la crainte ou l'esprit de vengeance? L'arrivée du citoyen Fréron changea la face des choses. Les coupables abandonnés de leurs chefs se dispersèrent ou prirent la fuite. Le contre-coup du 13 Vendémiaire se faisait sentir dans toutes les parties de la France, et la triomphe de la Convention Nationale convainquit les meneurs qui avaient égaré une jeunesse ardente, qu'il fallait remettre à d'autres temps l'exécution de leurs projets.

Ici, il ne sera pas inutile pour l'intérêt de la vérité, de remarquer qu'aussitôt que l'espérance de substituer la royauté à la république, fut détruite, les chefs se hâtèrent d'abandonner leurs compagnies; tant il est vrai que leur but était moins de tirer vengeance du sang versé pendant le décemvirat, que de proscrire successivement tous les républicains, sous le nom justement abhorré, de *terroristes*.

Mettre un terme aux assassinats; traduire devant les tribunaux les assassins; faire exécuter les lois des 3 et 4 brumaire; rendre à leurs foyers les familles fugitives, tel était le mandat que le citoyen Fréron avait reçu du Gouvernement. C'est à lui de prouver qu'il en a rempli les intentions; ce que nous pouvons attester, c'est que les lois des 3 et 4 brumaire ont été exécutées; qu'une foule de déserteurs ont rejoint leurs drapeaux; que les différens services, toujours prêts à manquer, ont été efficacement secourus; que les deux partis, quoique mis en présence par l'effet de l'amnistie, ont été contenus; qu'une force neutre interposée au milieu d'eux, et toujours prête à se déclarer pour celui qui serait opprimé par l'autre, a maintenu l'équilibre. L'état de siege dans lequel se trouvent encore la plupart des grandes communes du Midi, fournit des moyens qui auraient manqué dans l'état ordinaire des choses. C'est pour parvenir à l'établissement de ce salutaire équilibre que, dans les premiers temps de sa mission, le Commissaire du gouvernement se détermina à ordonner le désarmement des compagnies des grenadiers et des chasseurs, et qu'il se refusa au réarmement (1) des citoyens rendus à la liberté par l'amnistie.

Quant aux remplacemens devenus nécessaires par l'effet des destitutions prononcées en exécution des lois des 29 vendémiaire et 3 brumaire dernier, nous devons déclarer que n'y ayant coopéré en aucune manière, et n'ayant pas eu sous les yeux les renseignemens qui ont pu les motiver, il ne nous appartient pas de les justifier.

Cependant, il est de notre devoir de donner tous les éclaircissemens qui sont en notre pouvoir sur ces nominations que nous avons constamment désapprouvées.

---

(1) Ce réarmement vient d'avoir lieu, et les chefs de la garde nationale que l'on a réarmés, sont tous pris parmi les amnistiés, et sur-tout parmi ceux qui se sont le plus distingués par leurs excès.

Département

Département des Bouches du Rhône.

Les nominations qui ont excité le plus de reclamations, sont celles qui ont été faites dans le département des Bouches du Rhône. Parmi les cinq citoyens que le Commissaire du gouvernement avait choisi d'abord pour remplacer l'administration centrale du département qui venait d'être destituée, trois jouissaient de l'estime générale (1); ils acceptèrent , et donnèrent presque aussitôt après leur démission. Les deux administrateurs restans en proposèrent alors un troisième (2), qui fut accepté, et tous trois s'adjoignirent ensuite , en vertu de la constitution, le citoyen Bourget , d'Arles. Le Direcrtoire Exécutif nomma, directement , pour président, le citoyen Albert Gérin. On assure que ce dernier a fait deux fois banqueroute ; ce qu'il y a de certain , c'est que l'opinion publique le représente comme un des principaux agens de la terreur. C'est à cette première nomination

----

(1) Les citoyens Marechal , aîné, d'Aix ; Bernard de Saint-Chamas , et Bonfillon ; les deux autres sont les citoyens Manche de Tarascon, et Micoulin , le jeune.

(2) Le citoyen Polycarpe Constant, ci-devant directeur de la poste aux lettres , à Aix.

C

qu'il faut attribuer une foule de choix qui ont porté la consternation dans plusieurs communes ; par-tout, on a substitué de nouveau les persécutés aux persécuteurs, et préparé par-là une réaction non moins funeste que la première.

Le directoire du département, à peine installé, s'affranchit de toute entrave, et foula aux pieds toutes les considérations d'intérêt public dont la sagesse lui prescrivait de ne pas s'écarter. Toutes les administrations municipales furent incessamment renouvelées. La liste des jurés, dressée par ses prédécesseurs, fut cassée, et la nouvelle qui fut formée quelque temps avant notre départ, présente, en général, des noms empreints du sceau de l'immoralité et dénoncés par le cri public à l'indignation de tous les gens de bien. Les administrations municipales sont presque toutes composées des mêmes élémens que du temps de Robespierre, et dans ce pays, les autorités sont aujourd'hui organisées pour marcher révolutionnairement (1). Mais nous étions loin de nous attendre que le département mettrait

---

(1) Entre bien d'autres, figure le fameux *Emeric* qui préside dans ce moment l'administration municipale de la commune d'Aix ; cet homme nous a été dénoncé dès les premiers jours de notre arrivée, comme un des plus dangereux qui habitent ces contrées.

bas toute pudeur , au point de confier les importantes fonctions de commissaire provisoire du Directoire Exécutif près le tribunal criminel des Bouches
du Rhône, à un nommé Requier, jadis substitut
de l'accusateur public près le tribunal révolutionnaire de Marseille , digne émule de Fouquier-
Tinville qu'il a peut-être surpassé en atrocités.

Il est bon que nous fassions connaître ici la
doctrine des membres du directoire du département des Bouches du Rhône ; et c'est l'un
d'eux qui en a fait la profession devant le citoyen
Fréron de qui nous tenons le fait. Ils sont persuadés que dans l'étendue du territoire soumis
à leur administration , ils doivent exercer la même
autorité que le Directoire Exécutif ; qu'ainsi , les
nominations que la loi confère à ce dernier ,
doivent être faites par eux , et que ses attributions
particulières leur sont communes.

On nous a fait un crime d'avoir pris la qualité
d'Adjoints du Commissaire du Gouvernement.
Notre justification se trouvera dans le récit de
deux circonstances où nous avons été obligés
d'agir par nous-mêmes.

Le citoyen Fréron était parti le 22 nivôse
pour le département de Vaucluse où des rasssem-
blemens de déserteurs armés réclamaient sa
présence. (Nous nous trouvions à Marseille, tous

les deux réunis avec le citoyen Nouet, le 12 du mois suivant). Depuis plusieurs jours le mauvais temps et le débordement de la Durance, nous mettaient dans l'impossibilité de recevoir les papiers publics ; les bruits les plus alarmans étaient repandus à Marseille : on annonçait que le Directoire Exécutif avait été massacré, et que la contre-révolution était faite à Paris. Nous connaissions la source de ces bruits étranges; nous pouvions d'autant moins douter des intentions de ceux qui les avaient semés , que l'un d'eux vint nous menacer d'une insurrection , s'ils n'étaient promptement démentis. Alors , nous crûmes que nous serions coupables si nous ne rassurions pas les citoyens par une affiche publique ; et dans la nécessité de prendre, ou la qualité d'Envoyés par les anciens comités de gouvernement, *pour seconder le citoyen Fréron dans ses opérations*, ou celle de ses adjoints, cette dernière nous parut la seule convenable : nous en fimes usage dans une autre occasion.

L'adjudant général Leclerc, commandant de la place avait accompagné le citoyen Fréron ; l'adjudant général Grillon , brave militaire , mais peu au fait des événemens révolutionnaires , le remplaçait par *interim*. Ce dernier, en exécusion d'un arrêté du département , interprétatif de la loi du 15 vendémiaire, avait rendu une ordonnance qui enjoignait à tous les citoyens de déposer leurs armes, à l'effet de réarmer ceux à qui on les avait enlevées, après l'événement de prairial. Déjà la tranquilité publique commençait à être menacée, des clubs s'étaient formés, ils étaient nombreux, et dirigés par des hommes adroits; une correspondance était établie avec une autre réunion qui existait depuis quelque temps à Toulon, sous le prétexte d'une religion nouvelle établie en l'honneur de la liberté et de l'égalité. Les rapports de police dont ce Réquier que nous avons nommé plus haut, avait eu l'adresse de se rendre le rédacteur, nous trompaient sur notre véritable situation ; les provocations se multipliaient ; on annonçait que des visites domiciliaires allaient avoir lieu pendant la nuit, pour arrêter, disait-on, les émigrés, les prêtres réfractaires, les jeunes gens de la réquisition, le tout en vertu d'une lettre du ministre de l'intérieur, lettre dont on avait altéré le sens et les expressions. Le surlendemain devait se prêter solemnellement le serment de haine à la royauté, et il était raisonnable de craindre les effets de l'effervescence à la suite de cette cérémonie, qui devait réunir beaucoup de monde. Dans cette position, et le danger nous paraissant pressant, nous n'hésitâmes point à suspendre l'affiche et l'exécution de l'ordonnance du commandant par *interim*. Nous instruisîmes du tout le citoyen Fréron, qui approuva la mesure, et qui nous renvoya immédiatement l'adjudant général Leclerc qui jouissait de l'estime publique, et dont la présence déjoua les projets des perturbateurs.

Départemens du Var, et des hautes et basses Alpes.

L'administration du département du Var fut renouvelée par le citoyen Fréron, dans les premiers jours de sa mission, et ses choix ont été approuvés par le Directoire exécutif. Nous n'avons pas entendu porter de plaintes contre cette administration; on nous a même fait l'éloge du commissaire du Directoire exécutif : quant aux administrations des départemens des hautes et basses Alpes ; nous avons très-peu de renseignemens sur leur composition et sur la situation des choses dans ce pays : si nous en croyons les rapports qui nous ont été fait à plusieurs reprises, il s'y commet de temps à autre des assassinats ; mais ce qu'il y a de certain, c'est que plusieurs familles que les massacres ont fait fuir de ces contrées, et qui se sont retirées à Marseille, n'osaient pas encore, à notre départ, rentrer dans leurs foyers.

Départemens du Gard et de la Drôme.

Le département du Gard, a été long-temps en proie à des troubles violens, l'administration n'a pas été renouvelée ; elle est composée d'hommes honnêtes et instruits ; le commissaire du Directoire exécutif ; le citoyen Rabaud, frère d'une des plus illustres victimes de la tyrannie, jouit de la considération la plus méritée ; le régime révolutionnaire, et les excès de la réaction ont jeté dans presque toutes les ames, un découragement tel que personne ne voulant accepter des fonctions publiques, la composition des autorités devient presqu'impossible : c'était là le sujet continuel des plaintes de l'administration, trop souvent réduite à déplorer des désordres qu'elle n'a pas toujours eu les moyens de réprimer. La disette des subsistances et des fourrages, s'est long-temps fait sentir dans cette partie du midi.

L'administration du département de la Drôme n'a pas été non plus changée par le commissaire du gouvernement ; en général les autorités y sont bien composées, et la tranquilité publique y est rarement troublée, si ce n'est dans le district de

Montelimart et à Saint-Paul-Trois - Châteaux,
patrie d'Arnaud de l'Estang.

Département de Vaucluse.

L'administration du département de Vaucluse
est entièrement du choix du Directoire exécutif.
Nous avons cru remarquer que quelquefois elle
manquait d'énergie pour réprimer les prétentions
de la municipalité d'Avignon (1). La situation de
cette commune est alarmante ; la présence et l'audace de certains hommes, connus de tout temps
par leur immoralité profonde et les plus criminels
excès, jettent la terreur dans l'ame des citoyens
honnêtes. Le citoyen Fréron peut, à ce sujet,
donner des renseignemens positifs ; plus d'une
fois, il a été indigné de la conduite et des principes de ces autorités constituées. Ce malheureux
pays n'a jamais cessé d'être déchiré par les factions, et le petit nombre de gens de bien que
l'on y compte a été continuellement victime des
fureurs de l'anarchie ou du royalisme ; là, encore
plus que dans toute autre partie du Midi, les

---

(1) Cette municipalité est presque toute composée des
hommes qui, les premiers, prirent le soin de déshonorer
la révolution, par les crimes à jamais exécrables de la
Glacière.

haines ont jeté de profondes racines ; l'esprit de vengeance et de parti s'y développe avec plus de violence, et nulle part le véritable amour de la patrie n'est plus rare. Nous apprenons que les assassinats recommencent avec plus d'activité, depuis que la dernière dénonciation faite au corps législatif, en exaspérant un parti, a réveillé les espérances de l'autre. C'est dans ce département, sur-tout, qu'il faut se donner de garde de heurter imprudemment l'opinion publique en conférant des places à des hommes qu'elle réprouve. L'assassinat commis récemment en la personne de *Juge*, dont la nomination avait été surprise au gouvernement, doit l'avoir convaincu de cette vérité.

Telles étaient à notre départ, et telles sont encore les autorités qui gouvernent le Midi. Il en est de ces contrées comme du reste de la France. Si le gouvernement y compte beaucoup d'ennemis, il peut aussi s'y faire beaucoup d'amis; mais comme les esprits y sont plus irascibles, que que les plaies sont plus profondes, ce n'est qu'avec le temps, de la fermeté et beaucoup de sagesse; c'est par les bienfaits d'une administration sévère et juste, par une constante inflexibilité envers les fripons et les assassins de toutes les espèces, et de quelque masque qu'ils se couvrent; sur-tout, par des choix avoués par la prudence, qu'il parviendra à éteindre les germes de la guerre civile et à rallier à lui cette masse considérable de citoyens honnêtes que des meneurs criminels égarent, en leur persuadant que le bonheur et le repos ne peuvent exister que sous la royauté, ou dans le code monstrueux et anarchique qu'ils appellent constitution de 93.

Nous devons le dire ici au gouvernement, le jugement que la nation a porté contre les agens de la tyrannie qui l'a décimée pendant 15 mois, est irrévocable; et s'il lui était possible d'en douter, il compromettrait gratuitement et son existence et celle des individus flétris par l'opinion générale, que des conseillers perfides l'engageraient à investir d'une magistrature quelconque, et à cet égard il serait aussi imprudent que s'il confiait le maintien de la constitution républicaine aux émissaires de Londres et de Véronne.

Il ne faut pas non plus espérer d'arrêter tout-à-coup les déplorables effets des vengeances particulières; de bons magistrats qui assureront la punition des coupables, et qui ne leur laisseront aucune espérance de salut, des exemples prompts et vigoureux, la présence d'une force armée dévouée au gouvernement; tels sont les seuls moyens de ramener insensiblement le sécurité parmi les citoyens.

Lorsque le gouvernement aura formé son opinion sur la situation de ce pays, et qu'il se sera arrêté à un plan d'opération définitives; c'est en vain qu'il espérerait réussir, si, ajoutant foi à des rapports presque toujours exagérés, il abandonnait sans cesse la marche qu'il aurait adoptée. Nous avons été à portée d'observer que tous les partis calculaient leurs forces et mesuraient leur audace sur le plus ou le moins de crédit qu'ils croyent avoir auprès du gouvernement ; aussi n'é-pargnent-ils rien pour tromper sa religion et se faire une arme de son autorité contre leurs ennemis ; si, au contraire, le gouvernement reste impassible, avec l'espérance de le tromper, ils abandonneront le dessein de lui nuire, et l'intrigue, plus active là qu'ailleurs, ne comptant plus sur le succès, n'entravera plus son action et n'égarera plus sa justice.

Après avoir tracé une esquise de l'histoire du Midi, depuis la révolution, et de sa situation actuelle, nous devons entrer dans quelques détails sur la situation particulière des communes les plus intéressantes, soit par leur population, leur commerce ou leur industrie, soit par l'influence qu'elles exercent sur les autres communes moins impor-

tantes. Nous devons aussi entretenir le Directoire
exécutif de l'administration intérieure de la justice,
de l'esprit public, de la marine, du commerce,
et lui présenter nos vues sur les moyens d'amé-
liorer ces divers élémens de la prospérité nationale.

Commune de Marseille. Son commerce.

La commune de Marseille se présente la première parmi celles qui appellent d'une manière
spéciale l'attention du gouvernement ; son commerce, qui attire dans nos ports les riches productions de l'Italie, de l'Espagne et du Levant,
est, sans contredit, par ses rapports avec les
neutres, le plus important dans les circonstances
actuelles ; ses fabriques d'huile et de savon, qui
ont acquis une si grande célébrité, fournissent
d'abondans et avantageux moyens d'échanges.
Malgré l'état de dépérissement dans lequel est
tombé le commerce de cette place ; malgré le
bouleversement qui a été la suite du régime révolutionnaire, et les assassinats et les émigrations
qui avaient rendu impossibles les spéculations, et
réduit le nombre de ses négocians à sept ; malgré
le maximum et les réquisitions qui avaient ren-
versé les fortunes les mieux établies, multiplié
les banqueroutes et amené la disette et la famine,

c'est à Marseille que l'on a dû l'approvisionne-
ment du Midi, des armées des Alpes et d'Italie,
et même de toute la France, à des époques dif-
ficiles.

Après le 9 thermidor, le commerce avait repris un peu d'activité; et sans les excès qui ont
accompagné la réaction, et qui ont éloigné de
nos ports un grand nombre d'étrangers, il eût
peut être réparé une grande partie de ses pertes.
Pendant notre séjour dans cette commune, nous
avons vu avec satisfaction, un grand nombre de
bâtimens neutres, apportant de riches cargaisons,
se succèder dans le port. Les nouvelles rassurantes
dernièrement reçues des colonies, ont encouragé
plusieurs négocians qui se préparaient, à notre
départ, à faire des expéditions pour ces pays qu'il
importe si essentiellement de rendre à la paix et
à la culture.

Le Directoire exécutif sentira peut-être comme
nous qu'il serait nécessaire de provoquer le
corps législatif à un examen des lois de pro-
hibitions qui défendent la sortie d'un grand nombre de denrées et de productions territoriales,
dont l'exportation ne pourrait nous être nuisible,
et qui faciliterait les transactions avec l'étranger;
peut-être aussi jugera-t-il nécessaire, en prenant
toutes les mesures de précaution que la prudence

exige, de s'implifier les formalités beaucoup trop longues pour obtenir des passe-ports à l'étranger. Une adresse particulière au commerce de Marseille, dans le même sens que celle que le Directoire exécutif vient de faire à la commune de Lyon, ne pourrait que produire un très-heureux effet. Peut-être aussi un agent spécial, chargé de prendre les intérêts des négocians français, soit auprès des consuls des puissances étrangères, soit auprès du gouvernement, auquel il serait chargé de communiquer ses vues d'amélioration, en leur assurant une protection particulière, redonnerait une nouvelle vie au commerce. Nous ne parlerons pas ici des entraves particulières que l'instabilité dans les cours du change peut y apporter; mais ce que nous ne pouvons nous dissimuler c'est que ce qui s'oppose le plus à sa restauration, c'est l'état précaire de la tranquillité publique, et le peu de confiance dans les autorités constituées.

Autorités constituées de la commune de Marseille.

Les municipalités constitutionnelles ne sont pas encore organisées ; l'ancien ordre de choses subsiste en son entier ; mais n'étant que provisoire, il est insuffisant pour calmer les inquiétudes (1).

L'incertitude des choix qui seront faits pour composer le bureau central, ne contribue pas peu à les entretenir ; la poursuite des massacres, qui donne lieu à de fréquentes arrestations, et la trop grande facilité de certains juges-de-paix à décerner des mandats d'arrêt sur des dénonciations vagues, et souvent dictées par les passions, alarment un grand nombre de citoyens paisibles, à qui l'expérience a déjà appris à redouter l'effet des ressentimens particuliers ; les provocations qui ont souvent lieu de part et d'autre, qu'il n'est pas toujours au pouvoir du commandant de la place de réprimer, et que l'esprit de parti a toujours soin d'exagérer, jettent l'effroi dans l'esprit d'hommes que le malheur a rendu timides. La municipalité provisoire qui compte parmi ses membres plusieurs citoyens

---

(1) Lorsque cette partie du mémoire a été faite, les nouvelles autorités n'exsistaient pas encore, elles sont maintenant en activité, et l'on est loin d'approuver généralement tous les choix qui ont été faits ; au reste, il n'y a pas de doute que le Directoire, dont chaque jour annonce les intentions pures et droites, ne rectifie des choix qu'on lui a surpris et dont plusieurs éloignent la confiance des gens de biens ; nous nous ferons, dans toutes les circonstances, un devoir d'éclairer la justice du gouvernement, que tant de gens ont intérêt d'égarer. . . . .

bien intentionnés, influencés par certains chers
d'opinion, a choisi les commissaires d'arrondis-
sement et les commissaires d'îles (1) parmi des
hommes réprouvés par l'opinion publique. Ces
magistrats subalternes, plus rapprochés du peuple,
sont ceux qui l'éloignent le plus du gouvernement, lorsqu'ils exercent avec dureté la portion
d'autorité qui leur est déléguée ; chargés de tous
les détails de police, et de dénoncer aux autorités supérieures tous ceux qui sont dans le cas
d'être atteints par les lois, ils ont entre les mains
tous les moyens de tourmenter les citoyens.

C'est en vain que le gouvernement prendrait
des mesures pour rétablir la tranquillité
dans la commune de Marseille, s'il n'employait
tous les moyens qui sont en son pouvoir pour
ramener l'amour du travail ; les manufactures
manquent d'ouvriers, l'agriculture et les fabriques
réclament un grand nombre de bras qui leur
sont nécessaires, tandis qu'une foule d'oisifs
inondent le port, le cours et les places publiques ;
il faut encore attribuer ces désordres au gouvernement révolutionnaire, qui, en élevant aux fonctions
publiques, sans distinction de talens et de capa-
cité, des citoyens que leurs occupations et leur

____

(1) On appelle îles, une suite de maisons contiguës.

peu

peu d'instruction devaient en écarter, a démo-
ralisé des hommes simples et honnêtes, et a
jeté dans leur ame des semences d'une ridi-
cule et dangereuse ambition (1). Accoutumés
aujourd'hui à mener une vie plus douce et moins
pénible, il est devenu impossible de les rendre
à leurs ateliers; il n'est aucun d'eux qui n'aspire
à des places de juges et d'administrateurs, et qui
ne soit convaincu de son aptitude à les remplir
avec succès. On sent quelles ressources peut
offrir à l'étranger et aux agitateurs, cette classe
d'hommes que l'oisiveté et les besoins rendent
susceptibles de tous les égaremens. Pendant notre
séjour à Marseille, nous n'avons jamais pu nous

---

(1) C'est sur-tout dans le Midi, qu'on trouve la preuve
de cette vérité. Il est arrivé à l'un de nous un fait assez
plaisant : un homme qui pouvait avoir de bonnes intentions, mais qui ne savait ni lire, ni écrire, demandait à
être nommé ou chef d'un hôpital, ou président d'un tribunal criminel, ou enfin, par accommodement, administra-
teur du département. Nous avions beau lui démontrer qu'il
fallait pour remplir ces fonctions, des connaissances qu'il
lui était impossible d'avoir acquises, puisque toute sa vie
il avait été savetier ; nous étions loin de le persuader :
enfin, au moment où nous pensions avoir opéré ce pro-
dige, il nous répondit froidement, « belle f...ue révolution ! j'ai commencé savetier, et je finirai savetier.

Ces petits détails ne sont point indifférens, ils peignent
les hommes.

D

expliquer comment il se faisoit que des individus connus pour n'avoir par eux-mêmes aucunes ressources, trouvassent moyens d'exister, en passant des journées entières dans les promenades et dans les cafés, et les soirées dans les académies et les maisons de jeu (1).

C'est sur les meneurs principalement, que la surveillance du gouvernement doit activement s'exercer ; il se tromperait étrangement, s'il les pouvoit considérer comme des auxiliaires utiles : ambitieux, incapables en même temps de diriger leur ambition vers un but noble et louable, leur unique soin est de parvenir à être ce que l'on appelle dans le pays *chefs d'opinion* ; leur puissance ne peut être fondée que sur les erreurs de la multitude, qu'ils fanatisent à leur gré, et sur l'influence qu'ils acquèrent par ce moyen sur les dépositaires de l'autorité qu'ils parviennent à dominer par la crainte, s'ils n'ont eu le talent de les faire choisir parmi eux. Rien n'est plus commun que d'entendre dire, *tn n'es point du parti de tel ou tel, conséquemment tu es un aristocrate ou bien un terroriste.* Ce que nous disons ici s'applique aux meneurs de tous les partis. Ne

---

(1) Où plusieurs d'entr'eux faisoient souvent des pertes considérables, et bien au-dessus de leurs moyens.

serait-il pas possible que le directoire exécutif trouvât le moyen de déplacer ces hommes dangereux, en les dispersant, et en les employant d'une manière utile pour eux, mais qui leur ôterait tout espoir d'obtenir une influence dont ils ont toujours abusé. Ce sont ces hommes, qui ne cessaient d'assiéger nos bureaux, et qui, à diverses reprises, nous ont menacé d'une insurrection, si l'on ne faisait point leur volonté, qu'ils appelaient la volonté du peuple ; ce sont eux qui étaient parvenus à former dans cette seule commune 24 réunions politiques, faibles et timides d'abord, mais bientôt nombreuses et entreprenantes. Là comme ici, la profession de foi était la même que celle de Babœuf, et l'objet des vœux secrets, mais quelquefois indiscrètement manifestés, la prétendue constitution de 1793. S'il est difficile de croire à la bonne foi des prôneurs de ce système absurde, serait-il déraisonnable de soupçonner que plusieurs d'entre eux sont les agens secrets de l'étranger? Au moins est-il vrai que si le gouvernement actuel a des ennemis, ceux-là doivent être comptés parmi les plus dangereux.

Toulon.

Après Marseille, les places de Toulon et d'Avignon sollicitent d'une manière instante tous les soins et la vigilance du ministre de la police générale. La première sur-tout, qui renferme une grande partie de nos forces navales, et que l'Angleterre ne cesse de convoiter, nous a souvent inspiré de vives alarmes; son ancienne population ne l'habite plus. Lors de l'évacuation des Anglais, presque tous ses habitans l'ont abandonnée; ce n'est plus aujourd'hui qu'une relâche pour les gens de mer ; l'esprit d'exagération y règne plus que par-tout ailleurs. Sous un rapport, il est peut-être utile que, dans une ville, toujours menacée par l'ennemi, il existe un peu de cette fermentation révolutionnaire, qui empêche de tomber dans l'engourdissement, et qui, dans un moment d'attaque, ferait de chaque citoyen un soldat intrépide, mais aussi il faut empêcher que cette ardeur, dirigée au gré des passions et au profit des ennemis de la république, ne finisse par leur livrer nos flottes, ou par allumer dans l'intérieur un incendie qu'il serait difficile d'éteindre : c'est ainsi que des placards séditieux, écrits avec les couleurs révolutionnaires, ont plusieurs fois provoqué à la révolte les ouvriers de l'Arsenal, et que, sous prétexte de poursuivre à outrance les émigrés rentrés sur le territoire français, on a plongé dans les cachots des

(53)

marins dociles à la voix de la patrie, qui les
rappelait à sa défense. Ces arrestations, connues
chez l'étranger, ont retenu une foule d'officiers
et de matelots, dont les connoissances et les bras
nous sont nécessaires ; et par ces obstacles, sus-
cités à la restauration de notre marine, l'Anglais
paralyse nos efforts, règne sur les deux mers,
et s'enrichit de nos pertes (1).

____

(1) Un certain juge-de-paix nommé Monier , écrivait à
des marins détenus comme prévenus d'émigration , et qui
demandaient à être entendus , qu'il n'avait pas le temps de
les interroger ; qu'il lui paraissait étonnant qu'eux, les
fidèles sujets de Louis XVII , réclamassent la constitution
et les lois qu'ils avaient foulé aux pieds ; qu'ils devaient
s'adresser à tel parlement qu'ils jugeraient convenables , et
ne pas ennuyer les juges républicains. Assurément nous ne
nous intéressons pas plus que ce juge-de-paix aux traîtres
qui ont livré Toulon , ou aux *véritables* émigrés qui ont
appelé l'ennemi dans leurs murs pour fuir ensuite sur ses
flottes ; mais est-il juste de confondre avec ces hommes
éternellement criminels , de malheureux artisans , des marins , des ouvriers que la terreur avait chassés de leurs
foyers , qui y rentraient en foule , et dont les bras laborieux
font la force des états? Forcés de s'expatrier de nouveau , ces
malheureux reportaient leur industrie à l'étranger , et l'en-
richissaient de nos dépouilles : et les hommes qui conseil-
laient , qui exécutaient de pareilles mesures se disaient
patriotes...! patriotes anglais, sans doute !

D 3

Avignon.

Nous pensons que le renouvellement total de la municipalité de cette commune, l'épuration de sa gendarmerie, le maintien provisoire de l'état de siége, et l'éloignement de certains individus, sont des mesures absolument indispensables pour l'empêcher de redevenir le théâtre de nouvelles horreurs, et le seul moyen d'y rappeler les habitans que la crainte a fait fuir.

Journaux.

Les journaux les plus répandus dans le Midi sont le *Courier extraordinaire*, qui a pris successivement les titres de *Véridique*; d'*Impartial*, et qui aujourd'hui s'appelle le *Rôdeur*; *l'Eclair*, le *Journal des Hommes Libres*, la *Sentinelle*, le *Journal des Patriotes de* 89, le *Tribun du Peuple*. Depuis long-temps deux journaux s'impriment à Marseille, un troisième vient de s'y établir sous le titre d'*Observateur du Midi*. Les deux premiers, lors des derniers assassinats, aidaient de tous leurs moyens, à la réaction qui proscrivait ensemble et les terroristes et les républicains. Le dernier, dont les auteurs ont été sans doute aigris par la persécution, provoque trop souvent des vengeances, que les vrais amis de la liberté repoussent loin d'eux !....

Tels sont les faiseurs de l'esprit public dans ces contrées ; nous ne croyons pas qu'il soit inutile d'analyser ici ce que l'on doit entendre par *l'esprit public*. Il est d'autant plus nécessaire de s'expliquer sur le sens de cette expression, que l'on en a long-temps abusé. Chaque parti qui a figuré tour-à-tour, a tâché de ranger toutes les opinions à la sienne, et cela s'appelait former *l'esprit public*. Royou, Marat, aujourdhui Gracchus Babœuf, et le *Courrier extraordinaire* (1) ont aussi la prétention de former *l'esprit public* ; toutes les fois que le gouvernement a changé, il a aussi voulu former un *esprit public* à sa manière. La constitution de 1791 ou la mort, tel était *l'esprit public* des premiers temps de la révolution. Avant le 31 mai, l'attachement aux lois et l'amour de l'ordre, c'était là, selon certains hommes, *l'esprit public* qu'il falloit créer ; sous Robespierre, *l'esprit public* consistait dans certaines pratiques de mal-propreté, dans les manières brutales, dans l'oubli de soi-même, et

---

(1) Il est difficile de penser qu'avec des intentions pures et le désir de servir son pays , on se décide à calomnier avec autant d'effronterie que le fait quelquefois le Courrier extraordinaire ; c'est lui qui dans deux numéros nous a accusés d'être les agens de Pitt, et d'avoir émigré avec quatre millions à la république , etc., etc.

D 4

l'abandon à toutes sortes de crimes et d'excès. Après le 9 thermidor, haine envers les agens de la terreur, réparation des crimes du régime révolutionnaire, tel était l'*esprit public*, dirigé d'abord par l'amour de la justice, bientôt égaré par la soif de la vengeance : aujourd'hui que, sur les débris de toutes les factions, un gouvernement définitif est établi ; qu'après avoir parcouru le cercle de toutes les erreurs et de toutes les folies, nous sommes arrivés à des idées d'ordre et de sagesse, quel peut être l'*esprit public*, si ce n'est une entière soumission aux lois ? Lorsque le gouvernement respecté, sera obéi sans murmure et sans délai, alors il pourra s'applaudir d'avoir formé l'*esprit public* ; car le bon ordre, qui sera nécessairement le résultat de cette obéissance, fera naître dans les cœurs les plus ulcérés, l'amour des lois et de la république. On finira par aimer le gouvernement auquel on n'aura obéi d'abord que par nécessité. Tel homme qui aujourd'hui supporte impatiemment le joug des lois nouvelles, sera peut-être, dans peu de temps, le plus disposé à périr pour leur défense, lorsqu'il aura joui par elles de la protection que la société doit à tous ses membres. Ce n'est donc que par une inflexible sévérité dans l'exécution des lois, que le gouvernement convaincra la nation de sa justice et de son impartialité ; ce n'est donc que par une constante imperturbabilité dans la ligne qu'il s'est tracée, qu'il ralliera tous les esprits, qu'enfin il conciliera à la république l'affection de tous les Français, et c'est là le véritable *esprit public* ; c'est cet *esprit public* qui fait que l'on est fier d'appartenir à telle nation plutôt qu'à telle autre ; c'est cet *esprit public* qui rend les revers et les succès communs à tous ceux qui composent l'état ; c'est cet *esprit public* enfin, qui identifie la nation avec son gouvernement, et qui les rend indivisibles. Il résulte de ce que nous venons de dire, que ce n'est point par de petites mesures de police, qui avilissent l'autorité, ni en dépopularisant, par un abus impolitique, les chants énergiques de la liberté, au lieu de solemniser d'une manière digne d'elle la gloire des armes républicaines, ni en employant dans les papiers publics mille petits moyens, qui n'ont d'autre résultat que d'aigrir et diviser entre eux les citoyens que l'on parviendra à imprimer à la nation ce grand caractère, et à lui donner cet *esprit public* qui fait la véritable force des états républicains.

Fonctionnaires Publics.

Il n'est point de doute que la confiance dans la probité, le patriotisme et les lumières de ses agens, ne soit pour le gouvernement un des moyens le plus sûr d'obtenir l'obéissance prompte et absolue qui lui est nécessaire. L'opinion publique doit donc le diriger, au moins en grande partie, dans ces choix importans ; et il est de sa sagesse de ne pas la heurter avec trop de violence. Il faut que les hommes qu'il honore de son choix n'apportent avec eux d'autres préventions que celle qu'un patriote honnête et pur doit naturellement inspirer aux fripons et aux ennemis de la République. D'ailleurs, s'il est vrai que le gouvernement, placé entre la royauté et l'anarchie, est menacé de dangers égaux par l'une ou l'autre, il s'expose à une perte inévitable en confiant l'autorité à des royalistes ou à des anarchistes ; et vainement il espérerait mettre un terme aux fureurs des partis, si les uns ou les autres trouvaient des appuis dans les administrations qui sont chargées de les réprimer. Cette règle de conduite est d'autant plus nécessaire, que tous les services publics sont en souffrance et qu'il est temps que les administrateurs, au lieu d'intrigues révolutionnaires, s'occupent enfin d'administration. Le Directoire Exécutif a été à portée de s'assurer que, dans les départemens méridionaux, sur-tout, l'administration intérieure avait été singulièrement négligée ; il en est résulté le dépérissement des grandes routes, la dégradation des biens nationaux, les désordres dans la comptabilité, la non-perception des contributions, le découragement de l'agriculture, et l'anéantissement de l'industrie. Il serait sans doute injuste d'exiger que, pendant la guerre et les orages d'une révolution, il régnât un ordre exact dans toutes les parties de l'administration publique; mais le temps est venu de les régulariser.

Travaux publics.

Les grandes routes et les pavés des grandes villes exigent de promptes réparations; avant six mois, les communications de Marseille avec l'armée d'Italie deviendront impossibles; les rues de cette commune sont impraticables, et il est déjà difficile aux voitures d'y rouler. Il est d'autres travaux importans qui peuvent occuper le ministre de l'Intérieur, mais qui sont trop considérables, et que la situation actuelle des finances de l'Etat ne permet pas d'exécuter pour le moment. Cependant on pourrait préparer des plans à l'avance, et peut-être on trouverait des ressources considérables dans le commerce et parmi les capitalistes, qui se chargeraient de ces entreprises, auxquelles il serait glorieux d'associer son nom. Les débordemens de la Durance font des ravages considérables; ils sont fréquens; et dans les hivers pluvieux, ou lorsque les neiges fondent sur les montagnes, ils interrompent toute communication avec l'intérieur. La politique et l'intérêt du commerce exigeraient qu'on réalisât le projet dont l'exécution à déjà été proposée, de lui creuser un lit et de construire des digues pour arrêter les inondations. Une compagnie de Juifs avait offert à l'ancien gouvernement de se charger de l'entreprise, à condition qu'on lui concéderait tout le terrain qu'elle gagnerait sur la Durance. Ces propositions et les plans doivent être encore dans les cartons du ministère de l'Intérieur. Le consentement du Pape, alors souverain du Comtat, était nécessaire : il s'y refusa ; l'affaire traîna en longueur et finit par être oubliée. D'autres ouvrages sont commandés, non moins impérieusement, par la politique. Les départemens du Midi sont, comme l'on sait, hérissés de montagnes, au milieu desquelles se sont établis un grand nombre de villages ; ces habitations servent d'asile à tous les malfaiteurs ; c'est toujours des montagnes que se sont précipités dans la plaine les rassemblemens armés qui ont porté dans les communes la désolation et le meurtre. On n'arrive à ces villages que par des sentiers étroits, impraticables, où la force armée, et sur-tout la cavalerie, ne peuvent pénétrer ; ce sont autant de citadelles dans lesquelles se réfugient les brigands, sans crainte d'être découverts et atteints. Il serait utile de rendre les communications faciles ; ce fut un des moyens les plus efficaces que les intendans du Languedoc employèrent pour réduire les protestans des Cévennes et s'assurer de leur docilité.

Biens Nationaux.

La plupart des biens nationaux situés dans le Midi, ont été vendus à très-bas prix, presque tous les procès-verbaux d'adjudication sont irréguliers, et presque aucun n'est revêtu des formes légales. Il serait important de se les faire représenter, et de porter un œil sévère dans cette partie, où l'on découvrira à coup-sûr des friponneries révoltantes. Il nous paraît aussi indispensable de soumettre à un nouvel examen la loi du 29 vendémiaire, qui remet provisoirement en possession les acquéreurs des biens des prévenus d'émigration, jusqu'à ce qu'ils aient obtenu leur radiation définitive, ou qui, dans certains cas, ordonne que la vente sera confirmée, à la charge d'en remettre le prix aux propriétaires. Si, sous un rapport, cette loi est conforme aux principes, en ce que l'acquéreur est toujours censé avoir acquis de bonne foi, elle devient en même temps la source de beaucoup d'injustices. La liste des émigrés est devenue, ainsi que toutes les autres mesures générales, un instrument de parti ; les uns et les autres s'y sont faits porter alternativement. Ç'est ainsi qu'un grand nombre de citoyens, dont l'existence, sur le territoire français, était avouée, ont vu leurs noms sur la fatale liste, et leurs propriétés mises en vente, avant même qu'ils eussent été instruits de leur inscription. Lorsque le Directoire Exécutif ordonnera la révision des procès - verbaux d'adjudication, il verra avec étonnement, que des gens auxquels on ne connaissait aucune ressource personnelle, ont acquis d'immenses domaines dont ils n'ont payé qu'une faible portion, et qu'ils sont hors d'état de remplir les engagemens qu'ils ont contractés. Cependant ils sont en jouissance ; et comme ils savent bien qu'un tel ordre de choses ne peut long temps exister, ils se hâtent d'abattre les arbres, de disperser le mobilier, et de détériorer les propriétés, afin d'en tirer le plus de profit qu'il leur sera possible. Après le 9 termidor, lorsqu'un grand nombre de fugitifs rentrèrent et demandèrent à être réintégrés dans leurs propriétés, pour éviter des contestations toujours longues et dispendieuses, pressés d'ailleurs par le besoin de trouver un asile, la plupart d'entre eux préférèrent d'entrer en accommodement, et moyennant une somme convenue et payée aux acquéreurs ou locataires, ils furent remis en possession. Aussitôt que la loi du 29 vendémiaire fut publiée, les mêmes hommes qui avaient transigé et cédé les droits qu'ils pouvaient avoir,

firent expulser de nouveau les propriétaires ;
d'un autre côté, il est juste de dire que, dans plusieurs endroits, la violence fut quelquefois em-
ployée à l'égard des acquéreurs ou locataires,
afin de les amener à une transaction, et que des
administrations ont accordé avec une précipita-
tion coupable des arrêtés de radiation.

Emigrés.

On connoît dans le Midi trois sortes d'émigrés :
1°. Les émigrés avant le 31 Mai ; 2°. les émigrés ou
fugitifs après le 31 Mai ; 3°. les émigrés de Toulon

Il est certain qu'à la faveur des lois sur les fugitifs du 31 Mai, il est rentré dans le Midi un grand
nombre de véritables émigrés. Peut-être eût-il été
plus sage de prononcer sur des pétitions individuelles le rappel de ceux qui se seraient trouvés
dans le cas de jouir du bénéfice des lois du 22
Germinal et 22 Prairial, an troisième. Mais ce qui
importe sur-tout, c'est de rassurer les citoyens sur
leur existence, et de solliciter du Corps Législatif
des dispositions claires et précises qui, en déter-
minant positivement ceux que l'on doit ranger
dans la classe des émigrés, préviennent les actes
arbitraires, et enlèvent aux ressentimens des
moyens de persécution.

Nous invitons le Directoire à examiner si la
loi du 20 fructidor, à l'égard des émigrés de
Toulon, ne serait pas susceptible de quelques

modifications. Ne serait-il pas convenable et politique de clore enfin la liste des individus qui, prévenus d'avoir participé à la trahison qui a livré ce port et fait incendier nos flottes, ne doivent jamais souiller de leur présence le sol de la République ?

Le citoyen Fréron rapporte des pièces qui signalent le nom des traîtres, et qui rendraient ce travail facile. En laissant subsister, dans leur entier, les articles Ier, III, IV et V, ne pourroit-on pas retrancher la dernière partie de l'article II, dont le sens trop étendu donne lieu à bien des injustices ? Par cet article, sont rangés indistinctement, dans la classe des émigrés, ceux qui, lors de la reprise de cette place, se sont retirés sur les vaisseaux ennemis. Qu'on se rappelle qu'à cette époque un décret mettait tous les habitans de Toulon hors de la loi ; et autant il serait révoltant d'accorder l'impunité à ceux qui ont combattu avec les Anglais, qui ont exercé des fonctions au nom de Louis XVII, ou qui ont été grossir volontairement le nombre des traîtres, autant il serait injuste d'infliger la même peine à ceux qui n'ont jamais porté les armes, et qui se sont trouvés dans la nécessité de fuir la mort qu'une loi positive leur reservait dans leurs foyers. D'ailleurs, n'est-il pas toujours absurde de proscrire une ville en masse. On

parviendrait

viendrait facilement à ce but, par des informa-
tions sur la conduite des personnes prévenues
d'avoir suivi les Anglais, et qui demanderaient
à établir leur justification. Au reste, dans tous
les cas, les erreurs ne seraient jamais bien funestes
à la République, car le nombre de ceux qui
pourraient en profiter ne serait jamais bien grand.
Nous pensons donc, que si d'un côté la justice
et l'humanité commandent impérieusement cette
mesure, l'intérêt de la République exige qu'on
en use avec une extrême circonspection.

Tribunaux.

L'administration de la justice dans le Midi,
appelle toute l'attention du ministre chargé de
ce département. Plusieurs tribunaux ne sont pas
encore organisés, et ceux qui sont actuellement
en activité, présentent dans leur organisation
plus d'une irrégularité. Le département du Var
n'avait pas encore de tribunal criminel à notre
départ; il nous a été dénoncé depuis que l'on
avait nommé près le tribunal criminel (1) du
département de Vaucluse, un accusateur public
provisoire, contre les lois qui veulent qu'en

---

(1) Ce tribunal est très-mal composé : nous donnerons
particulièrement au gouvernement des notes sur les individus
qui en sont membres.

E

l'absence de l'accusateur public, un juge nommé *ad hoc*, en remplisse les fonctions. Quant au tribunal criminel du département des Bouches du Rhône, tant que la liste des jurés récemment nommés ne sera pas réformée, il est difficile d'espérer que l'impartialité présidera aux jugemens qui seront rendus. La situation de ce département, sous ce rapport sur-tout, est extrêmement alarmante. Juges de paix, jurés, commissaire du Directoire Exécutif, tout est nommé au gré des passions, et la distribution de la justice est à la veille de devenir, dans les mains d'un parti, une arme homicide.

Juges de Paix.

Parmi les juges de paix, il s'en trouve un grand nombre au-dessous de leurs importantes fonctions, soit par le défaut de lumières, soit par leur immoralité. Leur ministère dont l'institution a pour but de concilier et de rapprocher les esprits divisés, n'est entre leurs mains qu'un ministère d'injustice et de vengeance. Sur les prétextes les plus frivoles, et sans respect pour les formes les plus sacrées, les mandats d'arrêt sont lancés indistinctement, et compromettent l'existence d'une foule d'innocens. Ne serait-il pas temps d'examiner s'il ne conviendrait pas de limiter ce terrible droit de disposer de la liberté des citoyens, et si des peines graves ne devraient pas être décernées contre les magistrats qui en abusent? La constitution qui exige que le détenu soit interrogé dans le délai de vingt-quatre heures, n'offre pas une garantie suffisante: cette formalité remplie, souvent six mois s'écoulent avant que le détenu puisse obtenir un jugement définitif; et que l'on juge de l'horreur de sa situation, si, comme dans le département des Bouches du Rhône, il a l'expectative d'être jugé par ceux - là - mêmes, ou les amis de ceux qui l'on fait arréter! Peu versés dans la jurisprudence criminelle, nous n'étendrons pas plus loin nos réflexions sur cette matière; mais nous n'avons pu, pendant notre séjour dans le Midi, voir sans indignation la légèreté et la barbarie avec laquelle les juges de paix disposaient de la liberté des citoyens. Nous avons vu ressusciter, sous une autre forme, et réunir dans les mains d'un seul homme, les pouvoirs des anciens comités révolutionnaires; ayons le courage de le dire, tant qu'un citoyen ne trouvera pas dans les lois un asile contre les attaques injustement portées à sa liberté individuelle, il faut désespérer de la liberté publique.

Au surplus, nous sommes convaincus qu'il serait indispensable que le gouvernement, tant pour ce qui concerne l'administration intérieure et la distribution de la justice, enjoignît aux administrations centrales de département et aux tribunaux d'envoyer aux différens ministres chargés de ces objets, copie de tous leurs actes, afin qu'ils pussent être à portée de rectifier les erreurs ou de redresser les illégalités dont les citoyens sont si cruellement les victimes; ce n'est que par cette surveillance continuelle que peu à peu on accoutumera les administrations aux formes administratives, et que l'on contiendra, par la crainte d'une inévitable punition, les juges qui seraient tentés d'abuser de leur ministère.

Gendarmerie.

La gendarmerie, dans les départemens du Midi, est fort mal composée, peu disciplinée, et pas assez nombreuse pour le service actif qu'il serait nécessaire qu'elle fît; il serait très-urgent de l'augmenter et de s'occuper de son épuration, qui devient de jour en jour plus indispensable.

Tels sont les objets sur lesquels nous avons cru devoir appeler l'attention du gouvernement, persuadés que si l'on tardait à mettre un baume salutaire sur les plaies encore saignantes de ces malheureuses contrées, le mal pourrait devenir irréparable.

Au reste nous l'avons déjà dit, l'impassibilité du gouvernement au milieu des divers partis qui redoubleront d'efforts pour tromper sa religion,

est le plus grand moyen de succès qu'il puisse
employer; qu'il se méfie également des accusa-
tions de royalisme et de terrorisme qui seront
portées devant lui , et qu'il n'oublie pas que
presque toujours elles sont l'ouvrage des ressentimens ou des haînes; sur-tout que l'on soit avare
dans le corps législatif de ces sorties impruden-
tes dont les effets sont toujours terribles, quelques purs que puissent être les motifs qui les ont
dictées, et qui , en dernier résultat , ne font que
relever l'audace d'un parti ou de l'autre , réveil-
ler les intrigues, rallumer les haînes, et augmenter l'exaspération des esprits.

Le renouvellement d'une grande partie des
autorités nouvellement instituées est indispensable. Les hommes qui les composent n'ont pour
la plupart d'autres titres à la confiance du gouvernement que leur immoralité. Il se trouve encore dans le pays, en petit nombre à la vérisé,
des patriotes irréprochables, qu'il convient d'élever aux fonctions publiques; ils rallieront à eux
les hommes honnêtes, qui dans les deux partis
peuvent n'être qu'égarés, et dont les mains n'ont
été souillées , ni par le sang , ni par l'or; ces
nouveaux Magistrats, environnés de la confiance
universelle, rassureront le commerce, et com-
primeront les factions ; mais nous le répétons,
c'en est fait de ce pays, si l'autorité est encore

confiée aux hommes passionnés, qui , sous le régime de Robespierre, ou pendant la réaction, ont été complices des forfaits qui ont ensanglanté la révolution. Il devient donc pressant de charger le Ministre de la police générale de présenter, dans le plus court délai , un travail complet sur les fonctionnaires publics du Midi.

Nous ne doutons pas que ce travail ne jette une grande lumière sur l'état de ces contrées autrefois si florissantes, et sur lesquelles un génie dévastateur semble avoir promené ses ravages.

Pour nous, fideles à nos devoirs et à l'engagement que nous avons pris, et que nous croyons avoir exactement remplis, nous ne cessons de répéter avec tous les ennemis du royalisme et de l'anarchie, que le temps est enfin arrivé où les idées de justice et de véritable liberté doivent percer les ténébres révolutionnaires qui ont couvert si long-temps la France , et que les plus criminels des hommes, sont ceux qui ont éloigné le commerce de nos ports, détruit les manufactures dans l'intérieur, proscrit indistinctement des milliers d'individus que la terreur seule a éloigné un moment de leur patrie, et qui sont rentrés dès qu'ils l'ont pu sans danger ; n'ont compris sous le nom sublime de patriotes, que les brigands qui, pendant les quinze mois de leur affreuse puissance, ont fait plus de mal

à l'état que vingt ans de guerre extérieure, et
s'efforcent encore, en ce moment, d'environner
le gouvernement d'obstacles, pour fatiguer son
zèle et rendre nuls ses efforts. Si son courage
inaltérable et sa volonté constamment prononcée
d'opposer une digue insurmontable aux factions,
ne rassuraient les véritables amis de la liberté,
il faudrait désespérer encore du salut de la
République.

Nous déclarons, en terminant ce mémoire,
qu'invariablement attachés aux principes que nous
y avons manifestés, nous n'avons cédé à aucun
ressentiment, à aucune inimitié personnelle;
prêts à rendre compte de notre conduite et même
de nos opinions, dans toutes les circonstances,
nous devions dire la vérité, nous l'avons dite.
Convaincus que les longs malheurs du Midi sont
dus à l'ignorance où n'a cessé d'être le Gouvernement sur la véritable situation de ce pays,
notre premier devoir était de l'éclairer; ce n'est
pas que les événemens se succédant avec rapi-
dité dans ce pays où les passions sont si ardentes,
il faille conclure, de ce que nous disons, que
cet état actuel puisse rester long-temps le même,
si l'on ne se hâte de comprimer avec force les
nouvelles réactions qui se préparent (1); mais
il est temps d'y établir un régime durable qui
fixe enfin un terme aux haines de parti, et qui,

sous l'égide constitutionel, rappelle dans le Midi tous ses moyens de prospérité, le commerce, les manufactures, et l'agriculture, que la terreur et les réquisitions en ont bannis, et que le gouvernement ramènera facilement par la confiance, lorsque ses agens marcheront dans le même sens que lui (2).

---

(1) Cela est si vrai, que même en ce moment, des départemens limitrophes des communes qui sont à la distance de quelques milles, sont agitées dans un sens contraire.

(2) Au moment où nous livrons ce mémoire à l'impression, nous apprenons que dans le département des Bouches du Rhône, plusieurs jurés viennent d'être choisis parmi les vingt - huit qui ont été détenus au château de Ham; l'ex-constituant Granet figure dans cette liste ! . . . Et c'est avec de pareils moyens que l'administration de ce département espère amener l'oubli des haines, et éteindre le desir des vengeances ! . . . . Des prévenus d'émigration, des ennemis prononcés de la révolution, quelques émigrés mêmes, figuraient sur l'ancienne liste des jurés; et voilà leurs successeurs ! . . . .

De l'Imprimerie de DESENNE, rue des Moulins,
N.° 546.

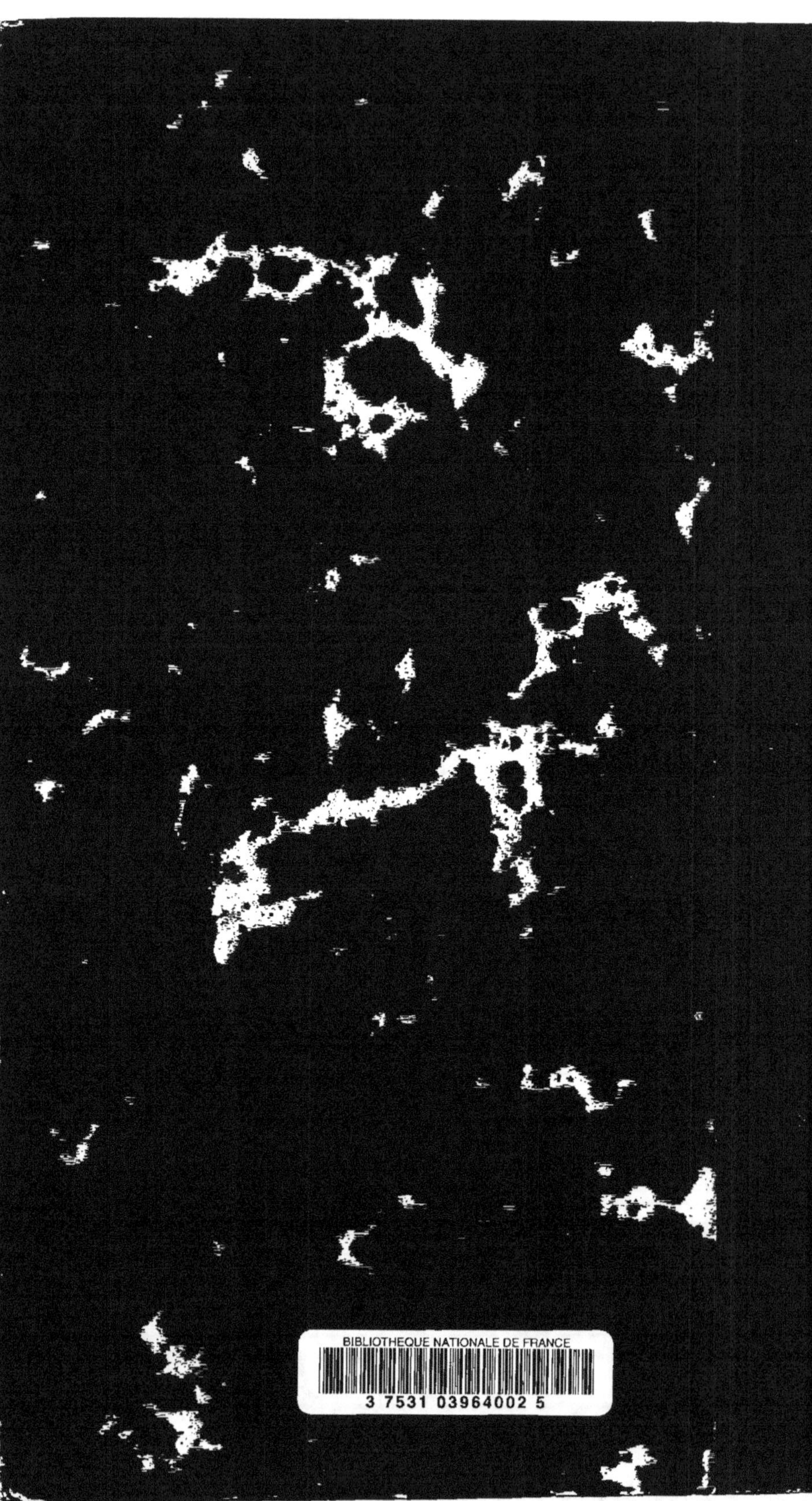

9 7 8 2 0 1 3 3 5 3 1 2 0